POESÍA, FRASES Y REFLEXIONES

Poesía, frases y reflexiones
1ª Edición
México 2021
ISBN: 978-607-29-2699-8

© Aiza Eugenia Verástegui Ollervides
www.instagram.com/verasteguiart

Para ti.
Que mis palabras te hagan sentir algo.
No tengas miedo de sentir.
Las emociones son vida.

POESÍA

La vida es un sueño,
un sueño temporal,
cierra los ojos y despierta,
deja tu intuición abierta.

Cierra los ojos,
sintoniza tu interior,
despierta los sentidos
que no ven el exterior.

El sol me vitaliza,
la luna me tranquiliza,
esperanza y melancolía,
de noche y de día.

Querida soledad:
acompáñame.
Maldita melancolía:
arrúllame.

Quiero vivir
una vida plena,
poder reír
sin sentir pena.

Noche sin estrellas,
luna llena en su fulgor,
llévate mis penas
e ilumina mi interior.

Anhelo la quietud,
sentir la paz en mi interior,
la tranquilidad de saber
que todo va a estar bien.

Con cada respiración
siento en mi interior,
el surgir de la inspiración
que me incita a crear.

Todo lo que hubiera podido ser,
que nunca fue, ni será,
la vida demostró saber
más de lo que el tiempo sabrá.

A mi lado siempre estás,
contigo siempre puedo contar,
me esperas y recibes con felicidad,
eres la alegría del hogar.

Mi fiel compañero:
conmigo siempre podrás contar.

Esperando que algo interesante suceda,
esperando media muerta,
en la oscuridad me recuesto,
esperando por ti.

Ven a socorrerme
quien quiera que seas,
veo mi vida desvanecerse
mientras sigo a tu espera.

Un cuadro,
una imagen,
en mi mente
un viaje.

Esclava de la esclavitud,
no encuentro la salida,
una más de la multitud
viendo mi vida destruida.

22

Los verdaderos verán a través de tu alma
y no te romperán,
contemplarán tu belleza interna
y se regocijarán.

Somos inmortales,
este momento nunca desaparecerá,
somos un por siempre en este lugar.
Por siempre con estos sentimientos,
por siempre felices,
por siempre juntos.

24

Que ridículo pensar
que el destino nos unió,
cuando fue nuestra decisión
correr el riesgo.
Y al final no valió
ni un instante de tu amor,
solo queda la lección,
y el recuerdo de tu calor.

Cuando te abrazaba sentía
que curabas mi agonía,
la que regresó ese día
en que no tuve tu guía.

Tú eras mi veneno,
dulce como la miel,
el néctar del cual
me hiciste beber,
caí en él,
pero me pude sobreponer,
sin importar que tan dulce fue,
seguías siendo veneno cruel.

Abrí los ojos
y tu máscara se cayó,
la falsedad en ti
se evaporó.
Y al irme verás,
que mi máscara
era coraza,
y entonces
te arrepentirás,
que pena,
que desgracia.

El fuego que encendías dentro de mí
quemó todo el amor,
cauterizó las heridas
que dejaste con tus mentiras,
ahora ni cenizas quedan,
porque el viento se las llevó,
al igual que esa promesa,
que contigo se marchó.

Mírame a la cara
y dime lo que sientes,
deja de darle vueltas,
¿qué es lo que tanto temes?

Actúas como una polilla
persiguiendo la luz,
pudiendo ser luciérnaga
que ilumina la noche.

Más allá de las palabras
está tu mirada,
esa que nunca miente,
por más que lo intentes.

Tu fantasma me persigue,
y cuando por fin se va,
te apareces,
de carne y hueso.

No me molesta
que estés con ella,
pero me duele saber
que mereciendo más,
te conformes con tan poco.

Me quisiste impresionar,
impresionada terminé yo
al saber que mi despedida no te hirió,
mas que en lo profundo de tu orgullo.

Mar:
Te vengo a dejar mis gotas de agua salada,
llévate mis penas con el ir y venir de tus olas.
Purifica mi espíritu y libera mi mente de preocupaciones.
Enséñame a agradecerle a la vida el simple hecho de existir,
y compárteme un poco de tu fuerza para seguir adelante.

Me quedé sola
y enfrenté mis miedos,
no necesité ayuda para superarlos,
y aunque me hubiera gustado tu compañía,
ahora entiendo que no la necesito.

Te volví a encontrar
pero ya nada fue igual,
lo que quedó en mi corazón
lo mató la razón,
esa que nunca falla,
sin importar la batalla.

No te quiero volver a ver,
porque no quiero recordar
cómo me fallé,
al tratar de complacerte.

Que triste pensar
que todo debe terminar,
no me quiero alejar,
pero tampoco llorar.

Recuérdame,
no por lo que sentiste,
sino por lo que aprendiste,
el día que me fui.

Me enseñaste que
del dolor se renace,
y la herida que dejaste,
no se curó con el tiempo,
pero sí con amor,
con amor propio.

42

Gracias por abrirte
y por no dejar que me cierre.
Gracias por compartir un poco de ti
y por escucharme hablar.
Gracias por tu amor compartir
y por el mío aceptar.

Te dejé ir
y sentí paz,
dentro de mí
tu amor fue fugaz,
no regreses aquí,
déjame ya,
vivir y volar,
ser yo en libertad.

44

Me miran sin tocar
como a una rosa con espinas,
les da miedo sangrar,
qué poca valentía.
Pero no hay que desesperar,
ya llegará,
el que sepa regar y acariciar
a esta bella flor sin igual.

FRASES

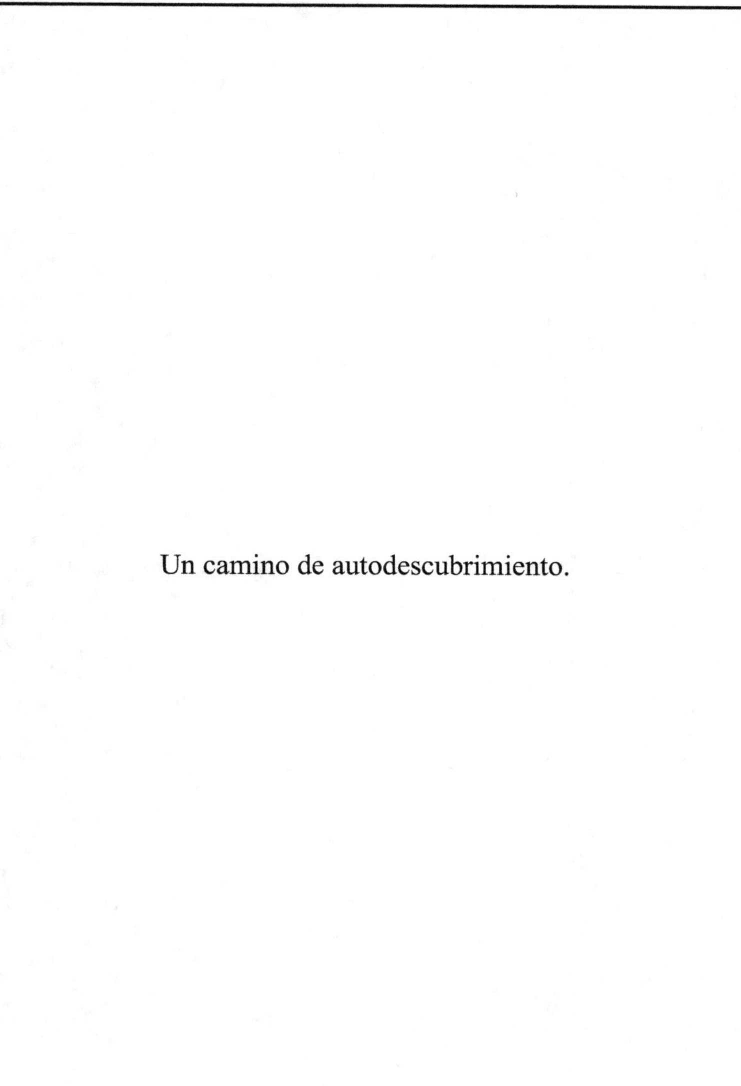

Un camino de autodescubrimiento.

La vida es color luz porque refleja todos los colores.

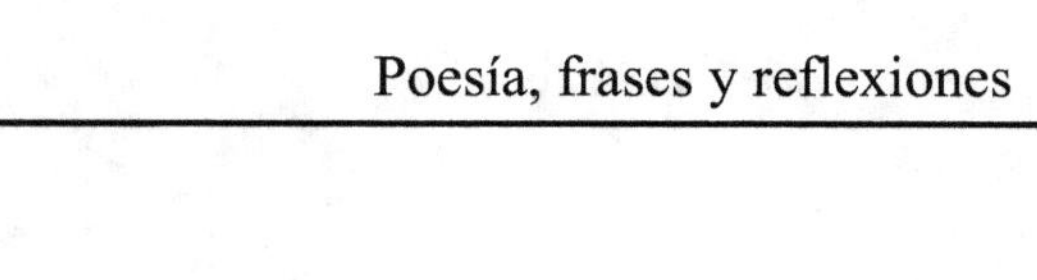

La libertad condicionada no es libertad.

El amor sin acción es fantasía.

Lo siento, pero tú me soltaste primero.

Tú escoges tu comportamiento.
Tú escoges tus consecuencias.

El corazón más puro con la coraza más fuerte.

Enamorarse es idealizar.
Amar es aceptar.

El hilo rojo que nos unía,
lo corté.

Las experiencias del exterior modifican nuestro interior.

Conecta lo que piensas con lo que sientes.

58

Con el tiempo, todo será un lejano recuerdo
de la pasión vivida.

Amistad es aceptar las diferencias
y fortalecer las semejanzas.

La sencillez de la libertad.
Un pájaro está donde quiere estar.
Para volar debes ir hacia arriba.

Si quieres que regrese, aliméntala con amor.

La sensualidad fruto cosecha de un instante.

Víctima masoquista de su propia mente.

Ilusión condenada a la desilusión.

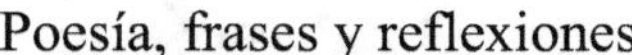

El amor es tan infinito que nunca habrá
un amor igual a otro.

Me resguardo en el cobijo de tu amor.

Trataba de ahogarlos, pero siempre regresan.
Sentimientos.

No decidimos de quién nos enamoramos, pero sí
con quién estamos.

No hay ficción más grande que la realidad.

Cada uno construye su propio futuro.

Que tu sinceridad se muestre en tus actos.

Donde había dolor ahora sólo está un vacío.

La locura del mundo es contagiosa.

Amante de la fatalidad.

Me ahogo en una espiral de recuerdos.

Nuestra complejidad nos define.

Nuestra perspectiva no es la realidad.

La voluntad de continuar.

La mente es lo que tú quieres que sea.

Amiga	Enemiga
Positiva	Negativa
Fuerte	Débil
Profunda	Superficial
Luz	Oscuridad

REFLEXIONES

La reflexión es la herramienta más importante que tiene el ser humano.

A partir de la reflexión se pueden romper viejos paradigmas, surgir nuevas ideas, resoluciones y cambios de conducta.

La reflexión es el camino de la evolución.

En la batalla del ego contra la intuición, algunas veces gana el ego y otras la intuición.

Recuerda que el ego es ilusión y la intuición es verdad.

¿Cómo quieres vivir tu vida?

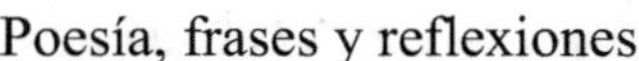

La familia no sólo es quienes comparten lazos sanguíneos contigo, también son los que te dan amor y cariño, y todos los días te impulsan a ser una mejor persona.

La familia se elige y se construye.

Nosotros mismos nos condicionamos y luego nos preguntamos por qué no somos felices.

El amor es libre.

Cada quien le pone las condiciones que quiere.

Las personas no cambian.

Maduran y evolucionan.

La esencia es la misma, las caretas son las que se eliminan.

Cambiar implica algo instantáneo. Por eso el ser humano no es capaz de cambiar.

Madura, porque se realiza un trabajo interno para erradicar la conducta no deseada.

Y posterior a madurar viene la evolución, porque esto conlleva un proceso que ya se ha realizado, más no terminado.

La maduración y la evolución no terminan nunca.

88

Todos somos controladores en distinto grado.
Queremos que las cosas sean a nuestra manera.
Si soltáramos y dejáramos que todo fluyera, nos daríamos
cuenta que nuestra manera no siempre es la correcta.

Es como armar un rompecabezas.

En cada pareja encuentras una parte, pero nunca el rompecabezas completo.

Hasta que la encuentras, a esa pieza que faltaba y que es la pieza perfecta.

La que embona contigo y a la vez completa el rompecabezas.

Las personas comparten sus conocimientos y experiencias aprendiendo unos de otros.

Recolectan de los demás para crear su propia verdad.

¿Cuál es tu verdad?

La vida es mejor cuando no estás pendiente sobre lo que los demás piensen de ti.
Cuando te enfocas en vivir, sin importar quien voltea a verte, sin importar quien se tope en tu camino.
Quien se pare frente a ti es quien vale la pena.
No quien te haga girar o cambiar de rumbo.

Recuerda que cuando cambias de rumbo por otros, terminas perdido.

La relación padres e hijos es igual que cualquier otra.

Es una relación de dos.

Muchas veces pensamos que los padres tienen toda la responsabilidad, y al principio sí, cuando somos pequeños la responsabilidad recae sobre ellos.

Pero conforme vamos creciendo la responsabilidad se va distribuyendo hasta ser igualitaria.

Nosotros como hijos debemos poner de nuestra parte para tener una buena relación con ellos.

Si no tuviéramos cuerpos físicos, y nuestra alma quedara al descubierto, sería más fácil mostrarnos como en realidad somos.

Nuestros sentimientos quedarían al descubierto y no nos engañaríamos cruelmente los unos a los otros. Nuestras intenciones serían claras y las relaciones serían más fáciles, haciendo que el ego desapareciera.

Pero al reflexionar, tal vez ese es nuestro mayor reto, tener un cuerpo físico para aprender a reconocer y expresar nuestros sentimientos, superar nuestro ego y mostrarnos como realmente somos.

Yo no creo que las personas sean malas por naturaleza, más bien por inconsciencia.

La maldad es el resultado de conductas adquiridas, experiencias no procesadas de manera adecuada, impulsos no controlados.

Ningún ser vivo es malo.

Los animales, incluso las bestias, cometen actos de violencia, agresividad, "maldad", por puro instinto.

No tienen conciencia.

No son autoconscientes, ni pensantes.

Los seres humanos tenemos la capacidad de reflexionar, de ser autoconscientes y de tener autocontrol.

Hagamos uso de nuestras capacidades.

Todas las personas a tu alrededor son un reflejo de ti.
De tus virtudes y de tus defectos.
Observa con atención, todos tienen algo de ti.
Todos son una pequeña representación de tu personalidad.
Son espejos para que aprendas de ellos, para que modifiques tus defectos y reconozcas tus virtudes.

Que no se te vaya la vida viendo como los demás viven
la suya.
Baja el celular. Haz algo por ti y para ti.
Por tu futuro.

Las redes sociales se han convertido en un mundo imaginario de apariencia y frivolidad.
Es la nueva manera de presumir lo que tienes, y aparentar lo que no eres.
Un mundo color de rosa.

Si quieres caminar conmigo, acompáñame.

No espero que cargues con mi equipaje, así como yo tampoco voy a cargar con el tuyo.

Iremos de la mano hasta donde los dos queramos continuar juntos. Soltando maletas que con el tiempo consideraremos innecesarias, y compartiendo nuestra perspectiva del horizonte.

Puede que recorramos gran parte juntos, o puede que alguno de los dos elija otro camino.

Cualquiera sea el caso, deberemos seguir caminando, aunque sea por separado.

Porque solos empezamos el recorrido y solos debemos terminarlo.

Entierra tus experiencias negativas y riégalas con consciencia hasta que florezca una bella flor.

Transmuta la experiencia negativa en una lección positiva.

Uno creería que ir rápido es mejor, pero en realidad es como una bola de nieve. Al final se desarma todo con lo primero que se atraviesa.

Es mejor ir a tu propio ritmo, tomar descansos, agarrar impulso, bajarle a la velocidad, y así, hasta finalmente llegar.

Los días nublados nos recuerdan que a veces hay que llorar para poder crecer. Así como la nube suelta su carga de lluvia para que las plantas crezcan.

Suelta lo que te pesa y riega tu jardín.

Conócete.

En este mundo siempre nos tratan de vender ideas, nos dicen qué es lo mejor para nosotros.

¿Cómo pueden saber qué es lo mejor para nosotros cuando ni siquiera nos conocen?

No aceptes lo que te venden. Acepta lo que va contigo, con tu forma de ser, con tus habilidades y aspiraciones.

Identifica qué es lo que realmente quieres y enfócate en ello.

¿Por qué todos tenemos que seguir el mismo camino cuando somos tan diferentes?

¿Por qué nos gusta tanto el drama? ¿Por qué juzgamos tanto?
Es lo que nos hace sentir vivos. Altera nuestras emociones.
Nos da cierto "'protagonismo", mejor dicho "victimismo".
El egocentrismo de ser jueces y dictar cómo deben ser las cosas. Complejo de superioridad.
Esta dualidad y cambio constante que no sirve para nada.
Un entretenimiento sin beneficio.

Del otro lado de la comprensión, no hay dualidad.
Todo es. Todo somos.

La juventud es el momento de reflexionar seriamente quién queremos ser. Es el momento de identificación y solidificación de nuestra personalidad.

De decidir qué actitudes, hábitos y gustos queremos en nuestra vida.

Cómo queremos ser y cómo queremos que nuestra vida sea.

Qué sublime es el arte.
El poder expresar los pensamientos y sentimientos dentro de ti con una representación externa.
El arte es la máxima forma de manifestación.

La empatía viene del dolor.

De lo sufrido. De comprender por lo que la otra persona está pasando.

Aunque no sea la misma situación, el sentimiento que se tiene es el mismo. Dolor.

Todo pasa. De verdad que sí.

Por más eterno que parezca el infierno, tiene un final.

Tiene una entrada y una salida.

Y la mayor parte del tiempo, tenemos la llave en el bolsillo. Sólo recuerda que, en esta vida, todo es transitorio.

Vivimos en tiempos de constante ansiedad. Queremos todo rápido, todo al momento, a nuestra manera, bajo nuestro control.
Incluso sin darnos cuenta la sentimos. Sentimos que se nos acaba el tiempo, que no avanzamos, que las cosas no son como queremos.

Y para empezar, ¿qué es lo que queremos?

Qué complicada nos hacemos la vida. La mayoría de los obstáculos son mentales.
Hay que esforzarse. Intentar.
Lo bueno cuesta, y no es fácil.

Si tenemos el libre albedrío, ¿por qué dejamos que la vida nos lleve por donde quiera?

La mayoría de las veces nos conformamos con lo que la vida nos presenta, y olvidamos que no tenemos por qué aceptar una situación que no queremos.

Tenemos la libertad de tomar nuestras propias decisiones, de crearnos la vida que queramos en base a nuestras acciones.

El no decidir también es una decisión.
Decide por ti.

La reflexión debe ir acompañada de discernimiento y congruencia con la acción: integridad.

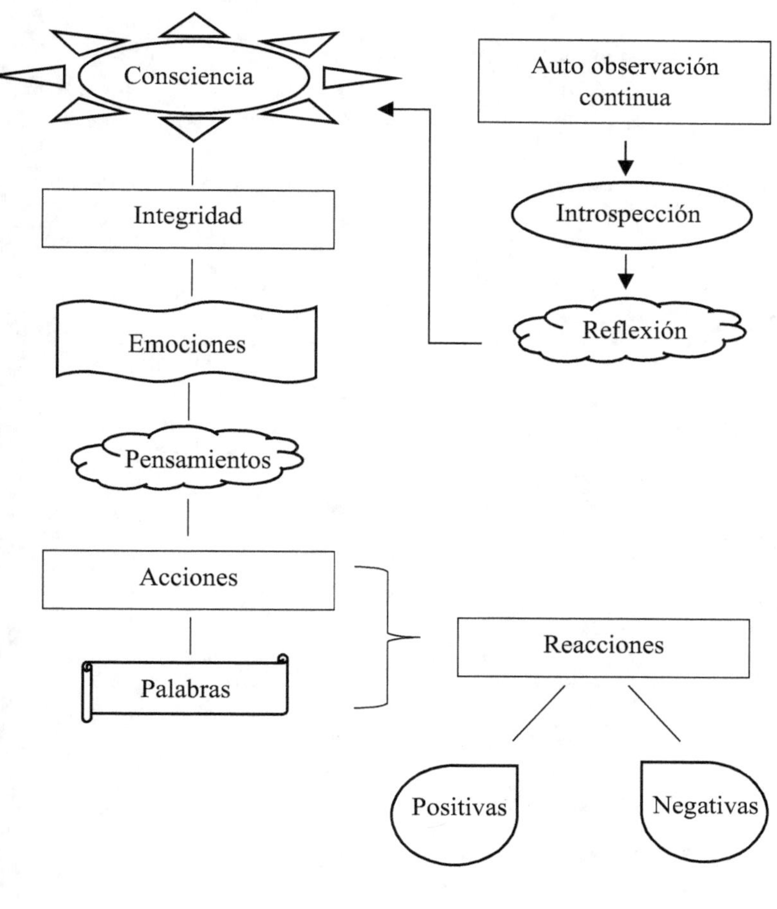
Consciencia
Auto observación continua
Integridad
Introspección
Emociones
Reflexión
Pensamientos
Acciones
Reacciones
Palabras
Positivas
Negativas